Julia Brenner

Die Usability von Websites

Human-Computer-Interaction & Interface-Design

Julia Brenner

Die Usability von Websites

Human-Computer-Interaction & Interface-Design

GRIN Verlag

Bibliografische Information der Deutschen Nationalbibliothek: Die Deutsche Bibliothek
verzeichnet diese Publikation in der Deutschen Nationalbibliografie; detaillierte bibliografische Daten sind im Internet über http://dnb.d-nb.de/ abrufbar.

1. Auflage 2006
Copyright © 2006 GRIN Verlag
http://www.grin.com/
Druck und Bindung: Books on Demand GmbH, Norderstedt Germany
ISBN 978-3-638-88917-9

USABILITY VON WEBSITES

HUMAN-COMPUTER-INTERACTION & INTERFACE-DESIGN

Seminararbeit zum Kompaktseminar
„Graphische Benutzeroberflächen – Ein ewiges Paradigma?"

vorgelegt von: Julia Brenner
SoSe 2006

Inhaltsverzeichnis

1. Einleitung: Die Usability von Websites

In einer Zeit, in der Schlagworte wie „Informationsgesellschaft" oder „Netzwerkgesellschaft" die Runde machen und nahezu „inflationär" gebraucht werden, ist es für erfolgreiche Unternehmen unerlässlich, sich den dynamischen Veränderungen anzupassen und ihren – heutzutage schon obligatorischen – Online-Auftritt als „Visitenkarte" zu betrachten. Insbesondere für Anbieter klassischer Print- und Rundfunkmedien bieten die digitalen Technologien die Möglichkeit, die Vorteile der Printmedien mit den Vorzügen der multimedialen Möglichkeiten, die das Internet bietet, zu kombinieren. Die ergonomische Gestaltung ist dabei enorm wichtig, da die Nutzung bzw. Orientierung auf der Website primär über Menüs oder Dialogfenster und grafische Interface-Elemente erfolgt.

Doch jeder, der im Internet unterwegs ist, kennt das Problem: Oft ärgert man sich über unverständliche Menüs, versteckte Basisinformationen und komplizierte Bestellvorgänge. Websites müssen daher auf jeden Fall benutzerfreundlich gestaltet werden, denn gute User-Interface-Designs sind unabdingbar, um die Applikationen optimal nutzen zu können.

Die übergeordneten Fragen der vorliegenden Seminararbeit lauten:

1. Wie muss ein erfolgreiches, effizientes Interface-Design für interaktive Systeme aussehen?

2. Inwieweit kann eine Website Interaktionsmöglichkeiten bieten?

Nach der Erläuterung der zentralen Begriffe, werde ich die Grundprinzipien des Interface-Designs sowie die typischen Elemente vorstellen. Abschließend soll anhand eines Fallbeispiels die Online-Präsenz des Nachrichtenmagazins „Der Spiegel" hinsichtlich der „*Usability*" sowie der Möglichkeiten der „Mensch-Computer-Interaktion" untersucht und bewertet werden.

2. Terminologie und Begriffsbestimmungen

2.1. Interface

Unter *„Schnittstelle"* bzw. *„Interface"* versteht man im Allgemeinen *„den Punkt, an dem sich zwei Systeme begegnen bzw. aneinander koppeln lassen"*[1] und dienen der Bezeichnung jeglicher Oberflächenelemente zur Bedienung von technischen Systemen. Dabei wird unterschieden zwischen (a) technischen Schnittstellen und (b) Benutzerschnittstellen. Während sich technische Schnittstellen auf die *„physikalischen Verbindungspunkte zwischen den verschiedenen Anlagenteilen"* eines Systems beziehen, bezeichnen Benutzerschnittstellen die Art und Weise des Datenaustauschs, also das *„Interface zwischen Mensch und Maschine"*[2], welches Gegenstand der vorliegenden Arbeit sein wird.

2.2. Benutzerschnittstelle

Neben der Bezeichnung *„Benutzerschnittstelle"* finden sich häufig synonym verwendete Begriffe aus dem Englischen, wie *„man-machine-interface"*, *„human-computer-interface"*, *„user-interface"* oder *„front end"*[3]. Im Deutschen spricht man auch von der *„Mensch-Maschine-Schnittstelle"* oder schlicht der *„Benutzeroberfläche"*[4].

Definiert wird die Benutzerschnittstelle als *„Einheit aller Komponenten (...), die einem Benutzer zur Bedienung eines Gerätes oder einer Anlage zur Verfügung stehen"*[5]. Dazu zählen sowohl Hardware-Elemente (= Ein- und Ausgabegeräte, z.B. Monitor, Maus, Tastatur), Software-Elemente (= sinnlich wahrnehmbarer Output, z.B. sprachliche oder grafische Bedienelemente, Signaltöne oder gesprochene Sprache) sowie Elemente der Docuware (= technische Dokumentation, z.B. Aufbau- und Bedienungsanleitungen).[6]

Die Gestaltung von Interfaces hat die Aufgabe, *„einen möglichst reibungslosen, konflikt- und fehlerfreien Austausch von Daten und Informationen sicherzustellen"*[7] und definiert über die bereitgestellten Nutzungsoptionen auch die Interaktionsmöglichkeiten zwischen Mensch und Computer. Das Maß an Interaktivität ist somit abhängig von den zur Verfügung stehenden

---

[1] Wagner, Jörg: „Mensch-Computer-Interaktion: sprachwissenschaftliche Aspekte"; Lang, Frankfurt am Main / Berlin / Bern / Bruxelles / New York / Oxford / Wien (2002), S.21
[2] ebd.: S.22
[3] ebd.: S.22
[4] ebd.: S.22
[5] ebd.: S.23
[6] ebd.: S.23
[7] ebd.: S.24

Systemeinheiten: *„Vom Benutzer können nur diejenigen Handlungen vollzogen werden, die im Design der Oberfläche angelegt sind."[8]*

2.3. Mensch-Computer-Interaktion

Der Begriff *„Interaktion"* verdeutlicht den Zusammenhang zwischen der *„Bedienung komplexer Systeme"* und den sich *„gegenseitig bedingenden und aufeinander aufbauenden Handlungen bzw. Operationen von Mensch und Technik"[9]* und bezeichnet damit den *„wechselseitigen Austausch von Informationen bzw. Daten zwischen Computersystem und Benutzer"[10]*. Dabei befindet sich der Computer, repräsentiert durch das Interface, im unmittelbaren Interaktionsbereich des handelnden Menschen.[11]

Diese Konzeptualisierung des Bedienungsprozesses führte zur so genannten *„Dialog-Metapher"*.

Der Terminus *„Mensch-Computer-Interaktion"* fokussiert die Handlungen eines Anwenders, die dieser mittels eines Computersystems vollzieht. Für die *„Mensch-Computer-Interaktion"* sind folgende Instanzen zu berücksichtigen[12]:

➔ der Benutzer

➔ das technische System bzw. der Computer

➔ die Entwickler / Produzenten des Systems

Eine vermittelnde Funktion erfüllt hierbei das bereits definierte *„Interface"* über Fenster, Icons, Menüs, Dialoge, Meldungen etc.) und fungiert auf diese Weise als *„Schnittstelle zwischen zwei Diskurswelten – der Welt der Produzenten des Systems (Experten) auf der einen Seite und der Welt der Benutzer (Laien) auf der anderen Seite)"[13]*.

Problematisch ist dabei die Vereinigung bzw. Kongruenz aller drei Komponenten.

Der Computer ist dabei nicht als *„Medium zur Kommunikation"*, zum Beispiel mit Experten, zu verstehen, sondern er ist *„selbst der Experte"[14]* und kann den Benutzer in Abhängigkeit von der konkreten Interaktionssituation rechtzeitig mit relevanten Informationen bzw. Instruktionen versorgen.

---

[8] Wagner, Jörg (2002), S.24
[9] ebd.: S.113
[10] ebd.: S.31
[11] ebd.: S.114
[12] ebd.: S.36
[13] ebd.: S.53
[14] ebd.: S.53

2.4. Usability

„If a system's one-on-one interaction with its human user is not pleasant and facile, the resulting deficiency will poison the performance of the entire system, however fine that system might be in its other aspects."[15]

Der Terminus *„Usability"* stammt aus der Forschung zur „Mensch-Computer-Interaktion" und hat sich mittlerweile auch in der deutschen Literatur etabliert. *„Usability"* setzt sich zusammen aus den beiden englischen Begriffen *„to use"* (*„benutzen"*) und *„ability"* (*„die Fähigkeit / Tauglichkeit"*), die sich um die Bedeutungen *„Gebrauchstauglichkeit"* bzw. *„Brauchbarkeit"* erweitern lassen. Laut der so genannten ISO-Norm 9241 definiert *„Usability"* das *„Ausmaß, in dem ein Produkt durch bestimmte Benutzer in einem bestimmten Nutzungskontext genutzt werden kann, um bestimmte Ziele effektiv, effizient und zufrieden stellend zu erreichen"[16]*.

Die *„Usability"* ist also davon abhängig, ob die Interaktion zwischen dem Anwender und dem technischen System (zum Beispiel einer Website) reibungslos funktioniert. Je schneller und leichter ein Benutzer den zielgerichteten Gebrauch einer Website erlernen und anwenden kann, ohne dabei frustriert zu werden, desto höher ist also die *„Usability"*. Benutzerfreundlich ist zum Beispiel eine Shopping-Site nur dann, wenn es ihm tatsächlich gelingt, die gewünschte Ware zu kaufen.

Ein System gilt also dann als „benutzerfreundlich", wenn es die folgenden zentralen Kriterien erfüllt:

→ Effektivität (bzw. das Ausmaß der Zielerreichung),

→ Effizienz (die Relation von Aufwand und Ausmaß der Zielerreichung) sowie

→ Zufriedenheit.[17]

Wichtig für die Bewertung der Usability eines Systems ist, daraus abgeleitet, die Beschreibung

→ der Ziele des Benutzungsprozesses,

→ der potentiellen Nutzer,

→ der zur Zielerreichung notwendigen Aktionen,

→ der notwendigen Ausstattung (Hard- /Software) sowie

→ der Umgebung oder des Kontextes, in dem die Benutzung stattfindet.[18]

---

[15] Raskin, Jeff: „The Human Interface: New Directions for Designing Interactive Systems", Reading. Addison-Wesley, Massachusetts (2000), S.114
[16] http://www.usability.ch/Deutsch/usab.htm
[17] ebd.
[18] ebd.

Demnach ist die „Usability" ein qualitatives Merkmal und zentral für die Entwicklung von Software und damit auch für die Gestaltung von Websites und Applikationen.

Hinzu kommt der hohe Anforderungsdruck, dem jede Web-Präsenz unterliegt: Ein Anbieterwechsel ist ohne großen Aufwand mit wenigen Mausklicks möglich, somit ist ein weiterer Gradmesser für den Erfolg einer Website, wie lange sich ein User auf einer Seite aufhält. Nachdem er die Seite „überflogen", die gewünschte Information jedoch nicht gefunden hat oder durch ein unübersichtliches Design verwirrt wurde, klickt er ohne Umschweife zur nächsten Seite, da er „verlangt, dass seine Wünsche sofort befriedigt werden"[19]. Laut Nielsen (2001, S.10) nimmt sich ein Benutzer kaum eine Minute Zeit, um zu erkennen, wie eine Website zu bedienen ist.

Aus diesen Gründen sollte sich der Anbieter einer Website an den Grundprinzipien der Gestaltung und Usability orientieren, um Informationen zielgerichtet und effizient zu vermitteln.

2.5. Usability engineering

„Software engineering" (oder „human factors research") bzw. „usability engineering" betrachten die „Mensch-Computer-Interaktion" primär als „instrumentelles Handeln" und „funktional ausgerichtete Interaktion mit dem technischen Artefakt zur Herstellung, Be- und Verarbeitung eines Objektes (Text, Grafik, multimediale Präsentation etc.)"[20]. Dabei wird die Interaktion vorrangig durch das Interface bestimmt, da sich nur Operationen durchführen lassen, die von den durch die Programmierer implementierten Applikationen bereitgestellt werden.

Bereits die Bezeichnung „usability engineering", also die Verknüpfung der Begriffe „Brauchbarkeit" (= „usability") und „Ingenieurwesen" (= „engineering") impliziert den Konflikt, der zwischen „Design" und „Benutzerfreundlichkeit" besteht und im Verlauf der Arbeit noch thematisiert werden wird.[21]

---

[19] Nielsen, Jakob: „Designing Web Usability"; Zweitausendeins-Verlag, Frankfurt (2001), S.10
[20] Wagner, Jörg (2002), S.29
[21] ebd.: S.61

2.6. Usability Testing

Eine wichtige Argumentationsgrundlage für Usability-Experten sind spezielle Testverfahren, wie z.b. der WUI (Web Usability Index), bei dem es sich um eine breit angelegte Umfragen-Studie handelt.

Beim *„Usability Testing"* werden bestimmte Systeme auf ihre Gebrauchstauglichkeit oder Benutzerfreundlichkeit hin überprüft. Dabei wird der Gebrauchs- oder Bedienungsprozess durch den User anhand von quantitativen und qualitativen Testmethoden und unter Berücksichtigung software-ergonomischer Faktoren (z.B. Farb- und Schriftgestaltung, Navigation, Informationsarchitektur, Aufgabenangemessenheit etc.) analysiert und auf Fehlerquellen getestet.[22]

Hier gibt es zwei methodische Verfahren:

Bei der so genannten *„expertenorientierten Usability-Evaluation"* werden Websites von Interface- und Fachexperten nach anerkannten Design-Regeln untersucht, dagegen erfolgt die *„benutzerorientierte Usability-Evaluation"* nicht durch Experten, sondern durch „reale" Nutzer.[23] Da sich diese Methode durch eine höhere Authentizität auszeichnet, ist dieses Testverfahren vorzuziehen.

Methoden wie diese sind jedoch generell umstritten: Ob wirklich aussagekräftige Ergebnisse geliefert werden, ist fraglich, weil Eindrücke und Gefühle in solch einem Verfahren schwer zu ermitteln sind.

---

[22] http://www.usability.ch/Deutsch/usab.htm
[23] Schweibenz, Werner / Frank Thissen: „Qualität im Web", Springer Verlag, Heidelberg (2003), S.88ff.

3. Interaktionsparadigmen von Benutzerschnittstellen

„Das Interface-Design bestimmt die Art und Weise, wie Nutzer mit dem Computer umgehen. "[24]
Dabei hat sich der Umgang bzw. der Interaktionsstil im Laufe der Zeit drastisch verändert und mit ihm das Design, das diesen erst ermöglicht. So vollzog sich beispielsweise die Entwicklung von so genannten *„Stapelverarbeitenden Systemen "*, bei denen man noch nicht von „Interaktion" zwischen Mensch und Computer sprechen konnte, da der Kontakt zwischen beiden nur kurz bei der Übergabe des Befehlsstapels an das System stattfand [25], über *„Befehlszeilen-Schnittstellen "*, eine der ältesten Interface-Techniken, bis hin zur Einführung von *„Formularen "* und *„Menü-Auswahl"*-Optionen. [26] Die Entwicklung und Einführung grafischer Benutzeroberflächennach heutigem Verständnis setzte erst zu Beginn der achtziger Jahre ein. Demnach ist also ein *„Paradigmenwechsel "* des Interaktionsstils und damit auch des Interface-Designs erkennbar.[27]

4. Konventionalisierung des Interface-Designs

Benutzerfreundlichkeit zeichnet sich unter anderem durch *„Konsistenz in der Gestaltung und Bezeichnung von Interface-Elementen aus "*[28]. Somit trägt ein konsistentes Design von Benutzeroberflächen zur *„kognitiven Entlastung "* der Anwender bei, erleichtert die *„Automatisierung von Bedienprozessen "* und ermöglicht den *„Transfer bereits erworbenen Wissens auf unbekannte Applikationen "*[29].

Das Zustandekommen von Konventionen bei der Interface-Gestaltung ist auf so genannte *„guidelines "* (= Richtlinien) sowie auf (inter-) nationale Normen zurückzuführen. Zu den ersten dieser Richtlinien gehört die Publikation *„Guidelines for Designing User Interface Software "*[30] (Smith / Mosier, 1986), die insgesamt 944 Vorgaben für die Gestaltung von Benutzerschnittstellen beinhaltet. Zum Teil auf diesen aufbauend sind die Normen der *„International Organization for Standardization "*[31] (ISO), die im strengsten Sinne jedoch nicht als Normen zu verstehen sind, sondern lediglich empfehlenden Charakter tragen [32]: *„Eine Standardisierung der Web-Design-Regeln würde sich einschränkend auf die*

---

[24] Wagner, Jörg (2002), S.65
[25] ebd.: S.66
[26] ebd.: S.70
[27] ebd.: S.80
[28] Wagner, Jörg (2002), S.91
[29] ebd.: S.91
[30] ebd.: S.96
[31] ebd.: S.87
[32] ebd.: S.96

künstlerische Freiheit auswirken", daher ist die Bezeichnung *„Prinzipien"* angemessener, als *„Standards".*[33]

Diese Prinzipien ergonomischer Dialoggestaltung definieren so zum Beispiel die *„Selbstbeschreibungsfähigkeit"* von Bedienelementen: *„Ein Dialog ist selbstbeschreibungsfähig, wenn jeder einzelne Dialogschritt durch Rückmeldung des Dialogsystems unmittelbar verständlich ist oder dem Benutzer auf Anfrage erklärt wird."*[34] Der „Feedback"- Aspekt ist demnach ein zentraler Punkt, den der User bei der Interaktion mit dem Computer erwartet.

Die Ursachen für misslingende interaktive Abläufe bzw. Kommunikation (*„miscommunication"*) sind auf sämtlichen sprachlich-kommunikativen Ebenen (Semiotik, Grammatik, Semantik, Pragmatik) zu finden, jedoch vor allem dem mangelhaften Design der Interface-Elemente zuzuschreiben.[35]

5. Konfliktfeld: Design vs. Usability

„What is design? It's where you stand with a foot in two worlds –the world of technology and the world of people and human purposes – and you try to bring the two together."[36]

Meist stehen sich bei der Webseitengestaltung Design und Usability gegenüber, was oftmals zu Konflikten führt:
Während die Webdesigner den Erfolg einer Seite darin sehen, den Nutzer zu überraschen und sich ihm einzuprägen, glauben Usability-Experten, dass die oberste Priorität darin besteht, die Wünsche der Kunden möglichst schnell und unkompliziert zu erfüllen. Hier zeigt sich die Diskrepanz zwischen *„Design als Kunst"* und *„Design als ingenieurwissenschaftliche Problemlösung"*[37] und führt zu einer Zielgruppenproblematik: Die Designer setzen also eher auf Image und Erkennungswert, die Usability-Experten hingegen messen den Erfolg einer Website am wirtschaftlichen Umsatz.
Jedoch ist anzunehmen, dass die Designer sich der Tatsache bewusst sind, dass gewisse Usability-Aspekte bei der Gestaltung einer Seite zu berücksichtigen sind und auf der anderen Seite wissen auch Usability-„Verfechter", dass eine völlig unästhetische Gestaltung vom User nicht akzeptiert wird.

---

[33] Nielsen, Jakob / Maria Tahir: „Homepage Usability: 50 enttarnte Websites"; Zweitausendeins-Verlag, Frankfurt (2002), S.38ff.
[34] Wagner, Jörg (2002), S.16
[35] ebd.: S.310
[36] Kapor, Mitchell (1996): „A Software Design Manifesto", S.4 In: Winograd, Terry (ed.): „Bringing Design to Software", Reading, MA: Addison-Wesley, S.1-9 In: Wagner, Jörg (2001), S.55
[37] Wagner, Jörg (2002), S.15

11

Häufig führt der Konflikt zwischen Design und Usability zu unzufrieden stellenden Resultaten, nämlich dass viele Websites einen Teil der potentiellen Nutzer von vorneherein einfach ausschließen, weil sie zu hohe oder zu einseitige technische Anforderungen stellen und neben ihrem Aussehen wenig zu bieten haben. Inhalte sind entweder gar nicht vorhanden oder nur schwer auffindbar, während der User sozusagen „erschlagen" wird von Animationen, Multimedia-Anwendungen und aufwändigen Layouts.

Auf der anderen Seite legen einige Websites so viel Wert auf den Usability-Aspekt, dass letzten Endes die Ästhetik gänzlich vernachlässigt wird.

6. „Style-Guide" für Interface-Designs

6.1. Grundprinzipien

Nach D. Norman (1989) sind die Grundprinzipien guten Designs:

(a) Sichtbarkeit

Dies bedeutet, dass die Interface-Elemente für den Anwender leicht wahrnehmbar sein müssen, insbesondere im Zusammenhang mit Typografie (z.B. Größe, Schnitt und Farbe von Schrifttypen). Jedoch kann zu viel Sichtbarkeit im Sinne von mit grafischen oder schriftlichen Elementen überladene Seiten auch „desorientierend und einschüchternd"[38] wirken.

(b) Qualität und Kohärenz des konzeptuellen Modells

Mentale Modelle der Benutzer spielen ebenfalls eine zentrale Rolle bei der Gestaltung von Interface-Elementen. Metaphern dienen dabei als „Brücken zwischen alltagsweltlichem und dem Umgang mit Computern notwendigen (Sprach-) Wissen"[39]. So sind zum Beispiel grafische Darstellungen und strukturelle Hierarchien oftmals aus den Bereichen der Alltagserfahrung (zum Beispiel die berühmte „Desktop-Metapher") entlehnt.

(c) Sinnfälligkeit des Mappings

„Mapping" ist die Bezeichnung für die Beziehung zwischen Interface-Elementen bzw. deren Benutzung und den Operationen, die durch sie ausgelöst werden können. Grundsätzlich muss ein plausibler Zusammenhang zwischen Bedienelement und der repräsentierten Funktion bestehen. Dies wird erreicht durch:

---

[38] Wagner, Jörg (2002), S.58
[39] ebd.: S.58

1. eine nutzerorientierte Sprache,
2. eine konsequente und konsistente Anwendung der eingeführten Metaphern,
3. eine natürliche Sprachverwendung sowie
4. die Vermeidung semantisch ähnlicher Bezeichnungen
   (z.b. „Schließen" und „Beenden").[40]

(d)   Vollständigkeit und Permanenz des Feedbacks

„One of the most important features (...) is the flow and feedback of information through the interface. The user needs information from the computer and the computer cannot function without information from the user." (D. Norman 1991)[41]

Eines der wichtigsten Interface-Elemente, die eine Möglichkeit zur Interaktivität bieten, ist das *„Feedback"*. Dabei handelt es sich um die Rückmeldung von Informationen an den Benutzer über den Erfolg oder Misserfolg von Handlungen und insbesondere dann unabdingbar, wenn *„Veränderungen des Systemzustands nicht direkt wahrnehmbar sind"*[42].

6.2.   Zielgruppen

„Ein Design, das ausschließlich auf die Psychologie individueller Benutzer ausgerichtet ist, vernachlässigt das Konzept der Interaktion"[43]: Da es sich bei den potentiellen Adressaten meist um ein anonymes, disperses Publikum handelt, also um eine inhomogene Gruppe aus den unterschiedlichsten sozialen Kontexten, müssen die Inhalte eines Web-Auftritts mehrfachadressiert sein. Zudem kann durch eine geeignete Zielgruppenansprache die Kommunikation mit dem Website-Besucher erheblich verbessert bzw. gepflegt werden. Die anvisierten Zielgruppen werden von Beginn an ins Zentrum der Entwicklung einer Website gestellt.

Zielgruppen und Ziele sind dabei eng aneinander gekoppelt: *„Sie müssen auf den ersten Blick erkennen lassen, wo die Besucher gelandet sind, was die Firma tut und was der Besucher auf der Seite machen kann."*[44]

Die Zielvorstellungen von erfolgreichem Design haben sich in den vergangenen fünfzehn Jahren enorm gewandelt: Da der Computer sich als Alltagsgegenstand in nahezu jedem Haushalt etabliert hat und damit die Zielgruppe erweitert wurde, musste sich auch das Design

---

[40] ebd.: S.59
[41] Wagner, Jörg (2002), S.175
[42] ebd.: S.59
[43] ebd.: S.15
[44] Nielsen, Jakob / Maria Tahir: „Homepage Usability: 50 enttarnte Websites"; Zweitausendeins-Verlag, Frankfurt (2002), S.10

13

der Interfaces zunehmend an „Nicht-Experten" orientieren. Dies dokumentiert unter anderem die Zunahme an *„natürlich-sprachlichen"* Interface-Elementen.[45]

6.3. Sprachliche Interface-Elemente

Im Zusammenhang mit Interaktion sind vor allem sprachliche Elemente zu nennen. Hier wird unterschieden in (a) statische und (b) dynamische sprachliche Interface-Elemente, die sich auf die *„raumzeitliche Präsenz"* bzw. den *„Grad des Interaktionspotenzials"* der Textangebote beziehen.

(a) Statik

Statische sprachliche Interface-Elemente sind vollständig präsent und für den Anwender kontinuierlich wahrnehmbar, da sie zum Beispiel innerhalb einer Website fest lokalisiert sind (z.B. Labels, also eine direkte Beschriftung von Funktionsteilen, wie Schalter, Knöpfe (= *Buttons*) etc.).[46]

(b) Dynamik

Zunehmend zeichnet sich eine Tendenz hin zu interaktiven Bedienprozessen ab, die größtenteils durch die Rezeption und (Re-) Produktion bzw. Aktivierung oder Auswahl dynamischer sprachlicher Angebote erfolgen.[47] Der Benutzer wird dabei durch den Bedienprozess „geführt". Bei der interaktiven Bedienung werden die notwendigen Schritte oder Entscheidungen erst dann angezeigt, wenn dies auch tatsächlich notwendig ist. Daher sind dynamische Bedienelemente nur ausschnittweise wahrnehmbar, da prozedurale Instruktionen in Abhängigkeit vom Stand des Bedienprozesses erscheinen:

„Benutzerschnittstellen, die (...) dynamische Textangebote umfassen, lassen sich nachdem Grad der Interaktivität bzw. dem Umfang der Interaktionsmöglichkeiten differenzieren."[48]
Dabei unterscheidet man in Systeme mit geringem, mittlerem und hohem Interaktionspotenzial. Dieses ist – nach Wagner (2001) - wiederum abhängig von folgenden drei Variablen:

➔ **Frequenz** („Wie oft kann der Nutzer agieren?")

➔ **Entscheidungsspielraum** („Wie viele Wahloptionen gibt es?")

---

[45] Wagner, Jörg (2002), S.15
[46] Wagner, Jörg (2002), S.25
[47] ebd.: S.26
[48] ebd.: S.26

14

→ **Signifikanz** („Wie stark beeinflusst die getroffene Wahl bzw. Entscheidung den weiteren Verlauf?")

Der Computer mit seinen technischen Möglichkeiten der Vielfalt an multimedialen Applikationen gilt als *„Inbegriff eines technischen Systems mit hohem Interaktionspotenzial "*[49].

6.4. Formulare

Formulare sind die beste Möglichkeit, um mit dem Besucher einer Website in Kontakt zu treten: Jedem Internet-User sind Formulare in digitaler Form schon mal begegnet, zum Beispiel Anmeldeformulare für Seminare, bei Behörden oder Preisausschreiben, Fragebögen von Umfragen und sogar die Steuererklärung kann man heutzutage online einreichen.

Der Versandhandel käme ohne seine Bestellformulare nicht aus, aber auch bei der Anmeldung für einen Webservice (z.B."web.de") oder bei der Nutzung von Suchmaschinen (z.B. „google.de) geht es nicht mehr ohne Online-Formulare.

Der Aufbau eines Formulars ist meistens ähnlich: Es gibt oft verschiedene Felder, bei denen man die unterschiedlichsten Daten und Informationen eintragen oder durch das Setzen von Kreuzchen oder Häkchen verschiedene Fragen beantworten muss.

Damit verhalten sich HTML-Formulare ganz ähnlich wie Papier-Formulare, nur dass die Möglichkeiten weit über die eines Papier-Formulars hinausgehen.

Trotzdem dienen sie aber dem gleichen Zweck, nämlich dem Sammeln von Informationen.

6.5. Dynamische Websites

Ein anderer wichtiger Aspekt von Websites ist die Dynamik: Ohne Dynamik kommt kaum eine Website noch aus. Der User erwartet mittlerweile mehr, als nur eine einfache Seite mit veralteten Informationen. Die Infos müssen aktuell, informativ und nach Möglichkeit noch unterhaltsam präsentiert werden.

Bei Informationen, die sich täglich oder sogar stündlich erweitern oder ändern, kommen serverseitige Scriptsprachen wie Perl und PHP zum Einsatz.

Serverseitig bedeutet, dass das Script auf dem Webserver selbst ausgeführt wird, sobald der User auf das Dokument zugreift. Die Inhalte werden zur Laufzeit aufbereitet, in das Dokument eingefügt und an den Client gesendet. Dadurch kann immer die Aktualität seitens

---

[49] ebd.: S.28

des Dienstleisters gewährleistet werden, was insbesondere für die Online-Ausgaben von Tageszeitungen die oberste Priorität darstellt.

6.6. Datenbanken

Zur Ablage von Inhalten werden Datenbanken verwendet. Dies ist beispielsweise für Handelsfirmen immens wichtig: Das Warensortiment wird ständig bezüglich der Preise und vor allem im Bezug auf die Verfügbarkeit aktualisiert, was ohne eine Datenbankanbindung der Artikel bei einem Sortiment von 2000 Produkten wohl kaum zu bewerkstelligen wäre. Datenbanken sind aber auch in anderen Anwendungsbereichen einsetzbar: Durch die Ablage von Cookies auf dem Client-Rechner kann der Server den Benutzer wieder erkennen und ihm spezifische, auf ihn individuelle zugeschnittene Inhalte präsentieren. „Yahoo!" bietet z.B. die Möglichkeit, die Startseite den eigenen Vorstellungen anzupassen: Über einen speziellen Login-Bereich kann man sich zum Beispiel alle Nachrichten zu seinem Lieblings-Fußballverein anzeigen lassen, oder sich über das Wetter in seinem Lieblingsland informieren.

Der Online Buchhändler Amazon ermittelt anhand der letzten Buchbestellungen mögliche andere Artikel, die für den User interessant sein könnten. Das gleiche Feature findet sich auch bei „ebay".

Grundsätzlich ist festzuhalten, dass beim Interface-Design der Fokus auf die grafische Gestaltung gerichtet ist, da die bildlichen Elemente zuerst „ins Auge stechen" und selektiv vom User erfasst werden können.[50] Der Vorteil bildlicher Elemente gegenüber sprachlicher Elemente besteht demnach vor allem in der *„unmittelbaren visuellen Präsenz"* und des *„hohen Wiedererkennungswertes"*[51].

---

[50] Wagner, Jörg (2002), S.61
[51] ebd.: S.87

7. Fallbeispiel: Spiegel-Online

Anhand eines Fallbeispiels soll die Online-Präsenz des großen deutschen Medien-Verlagshauses „Der Spiegel" hinsichtlich der „Usability" bzw. der Interaktionsmöglichkeiten zwischen Rezipient und Produzent untersucht und bewertet werden. Die Website ist unter der Adresse www.spiegel-online.de einzusehen.

Wie allgemein bekannt ist, ist der Spiegel auf mehreren Kanälen präsent, sowohl in den Printmedien, als TV-Magazin und natürlich auch als Online-Ausgabe im Web. Natürlich ist es für die jeweiligen Redaktionen enorm wichtig, ein Feedback auf den produzierten Content zu bekommen. Die Interaktion zwischen Rezipient und Produzent hängt dann vom jeweiligen Kanal ab, über den die Inhalte aufgenommen werden. Der klassische Weg in den Printmedien läuft üblicherweise über Leserbriefe, in denen Lob oder Kritik geäußert werden können, im Netz sind es dann die gängigen Web-Portale und Foren. Bei Entertainment-Shows gibt es sogar die Möglichkeit, per Ted-Abstimmung interaktiv an Sendungen mitzuwirken, was natürlich beim „Spiegel", als Nachrichtenmagazin nicht der Fall ist.

7.1. Visual Design

Die „*Gestaltung des Sichtbaren*", das mit dem Obergriff „*Visual Design*" bezeichnet wird, fasst sämtliche Aspekte der Gestaltung von Produktionen für den Bildschirm zusammen.[52] Um ausgewählte Aspekte innerhalb des Fallbeispiels gezielt herauszugreifen und zu behandeln, werde ich aus methodischen Gründen im Folgenden eine weitere Kategorisierung in die Bereiche „Interfacedesign" und „Sitedesign" vornehmen, obgleich sich alle Aspekte überschneiden bzw. ineinander greifen.

7.1.1. Interface-Design

Wie bereits erwähnt, bezeichnet der Terminus „Interface-Design" die Schnittstelle von Mensch und Computer oder vielmehr die „*Mensch/grafische Oberfläche von Computerprogrammen und deren Bedienung und Navigation*"[53].

---

[52] Lankau, Ralf: „Webdesign- und –publishing", Carl Hanser Verlag München / Wien (2001), S.345
[53] ebd.: S.345

Die Homepage (also die Seite eines Webauftritts, die als logischer Einstieg zu den einzelnen Websites fungiert) erfüllt zunächst einmal eines der wesentlichen Merkmale, dass die Benutzerfreundlichkeit ausmacht:

Von dieser Seite aus kann der Nutzer durch den gesamten Webauftritt navigieren und kann ebenfalls von jeder Seite aus mit Hilfe des Buttons Home / Main / Startseite dorthin zurückkehren. Ein ausgefeiltes Navigationssystem, sei es über anklickbare Buttons oder Schaltflächen in einer Symbolleiste oder einer Titel- und Menüleiste, ist von enormer Bedeutung für die benutzerfreundliche Bedienung. Da der Anbieter eines Webauftritts nicht vorhersehen kann, welchen Weg der Anwender wählt, um die gewünschten Informationen zu finden, müssen sowohl Seite, als auch Navigation so entwickelt sein, dass der Benutzer sich ohne Rückgriff auf die Schaltflächen des Browsers auf den Seiten bewegen kann und alle gesuchten Informationen findet.

Die Suche erfolgt dabei, im Gegensatz zu Printpublikationen nicht linear, sondern über miteinander verknüpfte Einzelseiten. Dabei findet, neben der Informationssuche, über Links auf andere Seiten und Quellen eine aktive Interaktion zwischen Anwender und den jeweiligen Seiten statt.[54]

Die Startseite der Online-Ausgabe des SPIEGEL informiert den Leser über (meist bebilderte) Schlagzeilen „blitzlichtartig" über die wichtigsten Ereignisse des Tagesgeschehens aus den verschiedensten Bereichen wie Wirtschaft, Politik und Sport. Über eine nach Themengebieten geordnete Menüleiste kann der Leser einfach und gezielt zu den von ihm gewünschten Informationen gelangen. Die jeweiligen Einzelseiten sind in sich konsistent, das heißt geschlossene Einheiten, die zwar Verweise auf weiterführende Seiten enthalten, dennoch aber Aufschluss über Inhalte und Ort der gesuchten Informationen enthalten. Der hierarchische Aufbau der jeweiligen Einzelseiten wird im folgenden Kapitel näher erläutert.

7.1.2. Sitedesign

Die unter dem Begriff „Sitedesign" zusammengefassten Aspekte befassen sich mit dem *„strukturellen und funktionalen Aufbau von Webseiten, den Seitenelementen und der Logik von Seitenanordnung, Verknüpfung und Verweis"*[55].

Im Fallbeispiel von SPIEGEL-online ist festzustellen, dass sowohl die Struktur als auch die thematische Ausrichtung stark an der Print-Ausgabe des SPIEGEL-Magazins orientiert ist.

---

[54] Lankau Ralf (2001), S.348
[55] Lankau, Ralf (2001), S.345

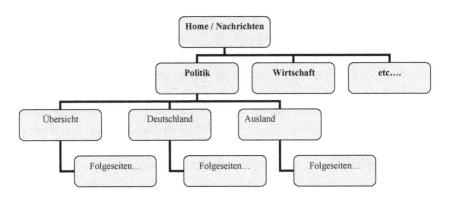

Abbildung 1: Darstellung der hierarchischen Struktur SPIEGEL-online[56]

Wie im Schaubild verdeutlicht, erlaubt die hierarchische, „baumartige" Struktur von Webseiten mehrere Ebenen bzw. parallele Informationseinheiten. Hierbei sind die einzelnen Seiten in klar strukturierte Themenbereiche und damit logische in sich selbst konsistente Einheiten gegliedert und jeweils miteinander verknüpft. Dagegen sind Zeitschriften und Bücher sequentiell (also linear, Seite für Seite) organisiert. In diesem Fall spricht man von der so genannten „Buchmetapher"[57].

Home	Politik	Wirtschaft	Panorama	Sport	Kultur
	Übersicht	Übersicht	Übersicht	Übersicht	Übersicht
	Deutschland	Börse	Leute	Fußball	Kino
	Ausland	Depot	Justiz	Wintersport	Musik
		Fonds	Zeitgeschichte	Formel 1	TV
		Derivate		US-Sports	Bestseller
				Achilles	Zwiebelfisch
					Gutenberg
					Designklicks
					Spiegel-Edition
Netzwelt	**Wissenschaft**	**Unispiegel**	**Schulspiegel**	**Reisen**	**Auto**
Übersicht	Übersicht	Übersicht	Übersicht	Übersicht	Übersicht
Web	Mensch&Technik	Studium	ABI-und dann?	Städtereisen	Tests
Tech	Natur	Job&Beruf	Querweltein	Europa	Werkstatt
Mobil	Weltall	WunderBAR	Leben U21	Fernweh	Automarkt
Spielzeug			Wissen	Km 42	Routenplaner
Ehrensenf				Datenbank	
				Skiatlas	
				Länderlexikon	

Abbildung 2: Darstellung der Ressorts und Unterrubriken SPIEGEL-online

---

[56] der Aufbau orientiert sich am Schaubild von Ralf Lankau (2001), S.353
[57] ebd.: S.352

Wie bereits erwähnt, dient die Homepage bzw. Indexseite von SPIEGEL-online als Einstieg in die Webseite und ist der Rubrik „Nachrichten" zugeordnet. Diese enthält die wichtigsten und aktuellsten Informationen, die den Leser mittels Headline bzw. Sub-Headline und kurz umrissenen Artikelzusammenfassungen als Teaser einen Vorgeschmack auf den ausführlichen Artikel bieten und durch das Wecken von Neugierde zum Weiterlesen auf der entsprechend verknüpften Folgeseite anregen sollen.

Je nach Wichtigkeit und Bedeutung sind die einzelnen Ressorts mit ihren jeweiligen Unterrubriken angeordnet und über die Schaltflächen in der Menüleiste direkt erreichbar: Während Beiträge und Artikel aus den Bereichen „Politik", „Wirtschaft", „Panorama" und „Sport" aufgrund ihres Grades an Wichtigkeit und Aktualität sehr weit oben rangieren, sind die Ressorts „Kultur", „Netzwelt", „Wissenschaft", „Uni-", bzw. „Schulspiegel" sowie „Reisen" und „Auto" eher im sekundären Bereich angesiedelt. Die allen Ressorts gemeinsame Unterrubrik „Übersicht" gibt, wie schon die Bezeichnung vermuten lässt, einen Überblick über die Themen der jeweiligen Unterbereiche. Auf jeder Einzelseite finden sich zudem die so genannten „Top 3", die von Lesern selbst empfohlenen drei Top-Themen des Tages. Der Leser wird also dort interaktiv per Frequenzanalyse bzw. Abstimmung in die Content-Produktion mit einbezogen.

Das Ressort „Politik" ist der Bereich mit dem höchsten Grad an Relevanz für die Leserschaft, die als Zielgruppe eines Nachrichtenmagazins wie dem SPIEGEL vordergründig an politischen Informationen interessiert sein wird und beinhaltet Deutschland-, Europa- bzw. Weltweite Nachrichten zum politischen Geschehen. Gefolgt vom Wirtschaftsressort, das über einen direkten Link zum SPIEGEL-Ableger „Manager-Magazin" bzw. zur Partnerseite „Finanztreff.de" führt, kann der Anwender nach einer kostenlosen Registrierung Informationen zu Kurs- und Marktentwicklungen abfragen oder erhält einen Überblick über die Lage an der Börse. Das Ressort „Panorama" weist einen gewissen „Human-Touch-" bzw. Entertainment-Charakter auf. Hier wird in der Unterrubrik „Leute" ein Blick in die „Glamourwelt" der „Schönen und Reichen" geworfen und unterhält den Leser mit VIP-News. Thematisiert werden unter anderem auch weltweite Kriminalität („Justiz"), sowohl Heroinschmuggel in Singapur, als auch Serienmorde in Kanada oder Selbstjustiz in Indien und darüber hinaus in der Unterrubrik „Zeitgeschichte" Themen mit historischen Bezügen.

Für den Sportinteressierten Leser bietet das Sportressort aktuelle Nachrichten aus den Bereichen „Fußball", „Wintersport", „Formel 1" und „US-Sports". Hier findet sich zudem unter der Bezeichnung „Achilles" auch eine unterhaltende Kolumne mit Beiträgen zu

verschiedenen Sportereignissen, die nach dem zuständigen Redakteur Achim Achilles benannt ist.

Das Ressort „Kultur" nimmt ebenfalls einen hohen Stellenwert innerhalb des SPIEGELS ein. Dies dokumentiert sich auch in der Unterrubrizierung. Der Leser findet dort Rezensionen, Beiträge und Artikel zu aktuellen Kinofilmen, Büchern und Musik und wird über einen direkten Link zum SPIEGEL-Ableger „KulturSPIEGEL" geleitet. Die Unterkategorie „Bestseller" enthält eine Übersicht der aktuellen Bücher-Bestseller, CD-Album-Charts sowie Klassik- und Kinocharts mit der Möglichkeit für den Leser, direkt das gewünschte Album, DVD oder Buch im Online-Shop zu bestellen. Die Kolumne „Zwiebelfisch" des Journalisten Bastian Sick beschäftigt sich in amüsanter Weise mit der deutschen Sprachpflege („Siezt du noch, oder duzt du schon?"). Unter der Bezeichnung „Gutenberg" findet der Leser Informationen zum so genannten Projekt „Gutenberg-DE", der größten Online-Literatursammlung, das von der SPIEGEL-Gruppe unterstützt wird. Neben einem umfangreichen Autorenregister und Literaturangebot besteht die Möglichkeit einer Projektmitarbeit für den Leser in Form von Korrekturen, was den interaktiven Charakter erneut unterstreicht. Die letzte Unterkategorie des Kulturressorts ist die „SPIEGEL-Edition", ein weiteres Projekt des SPIEGEL-Verlages, in dem die vierzig wichtigsten Bücher aus über vierzig Jahren „SPIEGEL-Bestsellerliste", ausgewählt von Kulturredakteuren des Nachrichtenmagazins und ergänzt durch ein Nachwort eines SPIEGEL-Mitarbeiters, präsentiert werden.

Wer nach Informationen aus der Technik-Welt sucht, wird im Ressort „Netzwelt" fündig. Neben Nachrichten aus dem WorldWideWeb („Web") werden neue Entwicklungen am technischen und multimedialen Markt („Tech") vorgestellt sowie Trends im Bereich Mobilfunk („Mobil") oder Online-/PC-Spiele („Spielzeug") präsentiert. Die Unterrubrik „Ehrensenf" dient mit seinen skurrilen Netzfundstücken der Unterhaltung.

Den Bereich „Wissenschaft" deckt die gleichnamige Rubrik ab, mit Themen aus den Bereichen „Mensch & Technik", „Natur" und „Weltall".

Die Rubrik „UniSPIEGEL" greift die Leitthemen des SPIEGEL-Tochtermagazins auf und beinhaltet Informationen rund um Studium, Job und Karriere. Vergleichbar hiermit ist das Folgeressort „SchulSPIEGEL", das jedoch mehr auf die Zielgruppe „Schüler" zugeschnitten ist. Zur Bedeutung der Zielgruppen sei an dieser Stelle nochmals auf Kapitel 6.2. verwiesen.

Bei den letzten beiden Ressorts von SPIEGEL-online handelt es sich um die Bereiche „Reise", in dem der Anwender neben Reiseberichten auch eine Datenbank mit aktuellen Reiseangeboten findet, die dort direkt online gebucht werden können sowie „Auto" mit

Informationen rund um das Kfz, einem digitalen „Automarkt" für Gebraucht- und Neufahrzeuge und einem „Routenplaner" als speziellen Leserservice.

7.2. Interaktion/Online-Dienste

Neben den bereits erwähnten zahlreichen Möglichkeiten und Angeboten für den Benutzer zur Interaktion bietet SPIEGEL-online einige zusätzliche Features:

Mit nur einer einzigen Registrierung kann der Benutzer sämtliche Webdienste der „Spiegel"-Gruppe, zu dem auch das „Manager-Magazin" gehört, nutzen.

Die Registrierung läuft natürlich wie üblich über ein Online-Formular, mit dem Benutzernamen und Passwort kann man sich danach schnell und unkompliziert einloggen und hat damit Zugang zu sämtlichen Webdiensten, die angeboten werden.

Der registrierte Nutzer hat folgende Privilegien:

> erweiterte Nutzung des Archivs
> kostenlose Newsletter
> freien Zugang zum umfangreichen SPIEGEL-Länderlexikon
> Tipp- und Gewinnspiele
> kostenloser Speicherplatz für alle online gekauften Dokumente
> (zwei Monate herunterladbar)

Quelle: www.spiegel-online.de

7.2.1. Features

(a) Spiegel-online-Forum

- ein persönliches Profil erstellen
- Filter für bestimmte Beiträge schalten
- mehr Informationen über Beiträge und das Forum bekommen

Dabei ist das Forum in die unterschiedlichsten Themengebiete, bzw. Ressorts, unterteilt (Politik, Wirtschaft, Kultur, Sport, Medien usw.), damit der Benutzer auf den ersten Blick entscheiden kann, welches Thema ihn am meisten interessiert und an welchem Diskussionsforum er sich beteiligen möchte.

Die Funktionen dienen in erster Linie dazu, die Teilnahme an Diskussionen zu erleichtern.

(b) Newsletter

Tagesaktuell kann sich der User über einen kompakten, übersichtlichen und vor allem individuellen Newsletter mit Nachrichten zu den von ihm ausgewählten Themengebieten versorgen lassen und hat dazu noch die Möglichkeit, die Uhrzeit zu bestimmen, also wann ihn der Newsletter erreichen soll.

(c) RSS-Newsfeed

Vergleichbar mit einem „Nachrichtenticker", den man von großen Presseagenturen kennt, wie zum Beispiel der „Deutschen Presseagentur" (dpa), ist das Online-Tool „RSS-Newsfeed". Nach der Installation des so genannten „RSS-News-Reader" erscheint in der Symbolleiste auf dem Bildschirm des Nutzers ein kleines Icon, das visuell (durch Blinken) oder akustisch (durch Töne) neue Nachrichten signalisiert. Der Aktualisierungsrhythmus kann ebenfalls individuell eingestellt werden. Die wichtigsten Schlagzeilen sind auf diese Weise sofort für den User abrufbar, Spiegel-Online selbst empfiehlt, die Seite alle fünf Minuten zu aktualisieren.

(d) SPIEGEL-online-Sidebar

Ein weiteres Online-Tool ist die „SPIEGEL-online-Sidebar", die nach der Installation ermöglicht, eine Leiste mit allen Schlagzeilen, die alle zehn Minuten automatisch aktualisiert werden, in den eigenen Browser zu integrieren.

(e) SPIEGEL-Mobil

Unter der Adresse http://mobil.spiegel.de können News, Hintergründe, Analysen und Interviews direkt und tagesaktuell über das Handy oder PDA abgerufen werden.

7.3. Bewertung

Insgesamt lässt sich der Online-Auftritt des „Spiegel" als „Vorzeige-Website" bewerten. Ein übersichtliches Design und der gezielte Einsatz von bildlichen Elementen dienen der Orientierung, unterstützen eine rasche Informationsrecherche und besitzen darüber hinaus einen unterhaltsamen bzw. informativen Charakter. Eine durchgängig klare Orientierung wird durch einheitliche Navigationselemente und eine homogene Designstrategie erzielt.

Durch zahlreiche Features und Applikationen entsteht Kommunikation oder vielmehr Interaktion zwischen dem technischen System, also dem PC, und dem Menschen in seiner Rolle als Benutzer.

8. Abschließende Bemerkungen

Das Design von Interface-Elementen ist für den Anwender von zentraler Bedeutung, da vor allem sprachliche Elemente für den unerfahrenen Nutzer (= Laien) *„innerhalb des semiotischen Systems einer Benutzerschnittstelle zum Bekannten zählen, an das sich – scheinbar verlässlich – kommunikativ anschließen lässt* "[58]. Dagegen müssen grafisch basierte und bildlich repräsentierte Funktionen und Schaltflächen häufig zunächst erlernt werden. Die Orientierung an Konventionen und Richtlinien leisten in diesem Kontext einen wesentlichen Beitrag zur Homogenisierung, also zur Vereinheitlichung des Designs und erleichtern damit die Bedienprozesse bzw. die Rezeption des bereitgestellten *„contents"*, also der Informationen.

Wie verdeutlicht wurde, zeichnet sich die Metapher „Mensch-Computer-Interaktion" durch eine hohe Komplexität aus, da die synchrone Verarbeitung einer hohen Informationsdichte zu *„Reizüberflutung"* und damit zu *„Orientierungsverlust"* führen kann, darüber hinaus Zeichen aus unterschiedlichsten semiotischen Systemen (z.B. Sprache, Bilder, Gesten, Animationen, Klänge, Geräusche) kommuniziert werden sowie unterschiedliche semiotische Systeme kombiniert werden (z.B. „Sprache" und „Bild").[59]

„Die Forderung nach benutzerfreundlichem Design muss sich als immanentes Prinzip bei der Planung, Realisierung und Kontrolle von komplexen technischen Systemen oder digitalen Medienangeboten durchsetzen."[60]

---

[58] Wagner, Jörg (2002), S.357
[59] ebd.: S.359
[60] ebd.: S.361

9.   Literaturverzeichnis

Kapor, Mitchell (1996): „A Software Design Manifesto", S.4 In: Winograd, Terry (ed.): „Bringing Design to Software", Reading, MA: Addison-Wesley, S.1-9 In: Wagner, Jörg (2001)

Lankau, Ralf: „Webdesign- und –publishing", Carl Hanser Verlag München / Wien (2001)

Nielsen, Jakob: „Designing Web Usability"; Zweitausendeins-Verlag, Frankfurt (2001)

Nielsen, Jakob / Maria Tahir: „Homepage Usability: 50 enttarnte Websites"; Zweitausendeins-Verlag, Frankfurt (2002)

Raskin, Jeff: „The Human Interface: New Directions for Designing Interactive Systems", Reading. Addison-Wesley, Massachusetts (2000)

Schweibenz, Werner / Frank Thissen: „Qualität im Web", Springer Verlag, Heidelberg (2003)

Wagner, Jörg: „Mensch-Computer-Interaktion: sprachwissenschaftliche Aspekte"; Lang, Frankfurt am Main / Berlin / Bern / Bruxelles / New York / Oxford / Wien (2002)

http://www.usability.ch/Deutsch/usab.htm

www.ingramcontent.com/pod-product-compliance
Lightning Source LLC
LaVergne TN
LVHW092355060326
832902LV00008B/1052